Lk 8. 271

DE L'IMPORTANCE

DE LA

QUESTION D'AFRIQUE.

A. BARBIER , RUE MIGNON-S.-ANDRÉ-DES-ARTS , 2.

IMPRIMERIE DE P. BAUDOUIN ;
rue et hôtel Mignon , 2.

DE L'IMPORTANCE

DE LA

QUESTION D'AFRIQUE

ET DU

CHOIX D'UN SYSTÈME
DE COLONISATION.

Par M. AUBEL.

Pour se faire une juste idée d'un peuple
et d'un pays, il faut les voir.

PARIS.

DELAUNAY, LIBRAIRE, AU PALAIS-ROYAL.

ET CHEZ LES MARCHANDS DE NOUVEAUTÉS.

1837

TABLE.

INTRODUCTION.

Au mois d'octobre dernier , c'est-à-dire peu de temps avant l'expédition de Constantine, je suis allé à Alger sans autre but que de voir un pays et un peuple qui par leur éloignement même de la civilisation piquaient ma curiosité. Je n'ai pu rester long-temps sur cette terre sans observer, presqu'à mon insu, les efforts que faisaient les Français pour y appeler les lumières et l'industrie d'Europe. J'ai d'abord écouté avec intérêt les récits qu'on faisait à ce sujet, soit des ressources du pays, soit des liens déjà formés avec ses habitants. Bientôt je les recherchai avec un vif empressement, enfin il me prit une espèce de passion de connaître, autant que mes moyens d'observation , mes relations et le temps me le permettaient, les espérances que la France pouvait légitimement former en s'établissant sur cette côte. Je ne perdis plus une occasion de voir ou d'interroger.

Quoi qu'il en soit des opinions auxquelles je me

suis arrêté, mon peu d'intelligence seul a pu les rendre mauvaises, puisque je les ai adoptées en Afrique muni des renseignements suffisants , et dégagé sans doute de prévention. Ma garantie, sous ce dernier rapport, est la manière même dont elles me sont venues. Je répète que je ne les recherchais pas, que j'ai fait, comme malgré moi, l'étude qui me les a données, et que loin d'imaginer jamais m'en faire honneur près de personne, je croyais n'avoir dans la tête que ce que mille autres avaient pensé avant moi.

Cependant j'ai écouté la dernière discussion de la Chambre des Députés ; et dans cette question où il me semblait que les bons esprits devaient tous se rencontrer, j'ai été frappé de la divergence des opinions. Il m'a semblé que beaucoup d'orateurs, qui se sont peut-être trop pressés d'asseoir leurs idées sur l'Afrique, n'ont point su échapper à cette première influence , négligeant par là de faire de nouvelles études, ou n'apercevant qu'un seul côté des choses. Il m'a paru que d'autres étaient uniquement jaloux d'offrir des idées neuves, arrêtées, presque toutes donnant des conseils différents, beaucoup offrant des systèmes qui n'ont aucune base positive, renfermant à la fois d'inefficaces mesures et d'inconciliables propositions. J'ai vu enfin toute la chambre s'émouvoir sous un mot d'un ancien ministre comme si ce mot dont on ne lui disait que la moitié*, devenait pour elle une illumination soudaine, pourtant ce mot touche à ce qu'il y a de plus grave dans la question d'Afrique.

C'est alors que j'ai cru que la Chambre manquait de renseignements ; c'est alors aussi que m'est venue la pensée de publier mes observations et les réflexions qui en ont été la suite.

Je supplie qu'on ne me juge pas avec sévérité. Je n'ai ni le temps ni la volonté de faire un ouvrage. Pour qu'elles arrivent avant la discussion des crédits supplémentaires d'Afrique, je me presse de donner mes idées brutes, sans ordre ni développement.

---

* On voit que je veux parler de cette phrase de M. Thiers ; *Si nous avons éteint la piraterie en Afrique, nous pourrons aussi la déchaîner quand nous le croirons utile.* Cette phrase n'est que l'incomplète énonciation d'une pensée qui, j'en suis sûr, est achevée dans l'esprit de M. Thiers ; mais il a cru, sans doute, qu'elle suffisait à la vérité, et qu'il devait à son ancienne et future position de ne rien dire qui pût paraître une attaque contre une nation sur laquelle il a appuyé et appuierait encore sa politique. Moi, que rien de pareil ne peut retenir, je dirai tout ce que je crois utile.

La question d'Afrique se divise et subdivise à peu près comme il suit.

L'abandon de la conquête ou sa conservation.

La conservation a deux espèces de partisans : ceux qui veulent s'enfermer dans quelques villes du littoral, ceux qui veulent la colonisation.

La colonisation enfin est comprise de diverses manières; les uns croient qu'il faut étendre le plus possible la domination française sur les peuples indigènes, les autres produisent un système plus restreint qu'ils ont appelé *la paix armée.*

Pour ne point sortir de l'ordre que je viens de tracer , occupons-nous d'abord de l'opinion qui veut l'abandon de la conquête. Quoique les arguments qui la combattent se trouvent principalement dans la démonstration des avantages de sa conservation , comme l'abandon a des difficultés qui lui sont propres, examinons-les de suite.

Il semble à ceux qui demandent l'abandon , qu'il n'y ait rien qu'à faire son paquet, à dire adieu à tout le monde, amis ou ennemis, et à revenir comme on était allé. Eh bien, il ne faut rien moins, pour cette retraite, que consentir à nous humilier devant l'Europe, se décider à consommer la ruine de plusieurs milliers de nos compatriotes; enfin mettre de côté tous les sentiments de l'honneur et de l'humanité.

Pour consoler l'amour propre national, j'entends que vous lui direz que nous ne cédons rien aux armes de nos ennemis, que notre retraite est volontaire, et que nous nous exposerions plus aux sarcasmes de l'Europe en persistant dans une entreprise évidemment onéreuse qu'en cédant à la haute raison qui nous commande de la quitter.

Je comprends cela, mais je ne vois pas aussi

bien comment vous ferez taire les cris des colons. Il y a sept ans que nous sommes en Afrique ; pendant ce temps les choses ont marché. Malgré nos hésitations, malgré nos allures incertaines, des spéculateurs plus hardis que la foule de ceux qui attendent, ont transporté en Afrique leur famille, leur fortune. A force de travail et d'activité, beaucoup l'ont déjà considérablement augmentée ; d'autres n'ont fait encore que s'implanter au sol, mais en semant autour d'eux leurs richesses apportées de France, ils ont jeté d'excellentes bases de prospérité et attendent que l'avenir leur paye le cruel sacrifice de l'abandon de la patrie. Les valeurs répandues ainsi sur le sol d'Afrique consistent en terrains achetés, en frais d'établissement considérables, importants pour ceux-là même à qui la terre a été cédée gratuitement, en maisons souvent fort belles et d'un très grand rapport, élevées à Alger, à Bone, à Oran, à Bougie, etc.

Quelle conduite adopterait la France si elle retirait ses soldats ? donnerait-elle des indemnités à ces hommes industrieux auxquels elle a fait tant d'appels ? ou bien les punirait-elle impitoyablement de s'être laissé prendre aux promesses faites en son nom, et d'avoir eu foi en cet esprit public qui se prononçait si vivement en faveur de la conquête ?

Pourtant, ce n'est encore là qu'une difficulté ;

vous sauverez la vie de vos compatriotes en les emmenant avec vous, et vous apaiserez leurs justes plaintes avec de l'argent ; mais voici la chose impossible. Que vont devenir toutes ces populations que vous aviez, par tant de moyens, gagnées à votre cause ? Elles, si éprises du sol de leur pays, ne l'abandonneront pas, mais vous maudissant, y resteront pour mourir. Croyez-vous qu'il leur sera pardonné d'avoir aidé les infidèles et combattu les vrais croyants ? Tous se réuniront pour les égorger, jusqu'à ce qu'ensuite ils tournent leurs armes contre eux-mêmes. Vous avez tout détruit en Afrique. Plus de gouvernement, plus de lien commun, plus de hiérarchie sociale. Les Turcs gouvernaient par le sabre, mais au moins ils gouvernaient, vous les avez chassés ; pour mieux vous assurer la puissance, vous avez divisé les intérêts, créé des haines et des rivalités. En vous retirant vous doterez ce peuple de la plus effroyable anarchie qui fût jamais : il y aura autant de partis que de chefs ambitieux ; ce seront des querelles sans fin, des combats interminables. Voilà des maux qu'il ne devra qu'à vous seuls, à vous qui avez voulu tenter une entreprise que vous n'avez su ni conduire ni rejeter, à vous qui, en descendant sur son rivage lui aviez promis le bonheur de notre civilisation, et qui ne lui laisserez que des dévastations et du sang.

Un préliminaire indispensable, est de jeter un coup-d'œil général sur l'état actuel de la navigation des mers.

L'Angleterre en a la domination, ce n'est là qu'une vérité triviale; mais il faut y réfléchir pour comprendre combien cette domination est puissante, combien elle est indisputable. Si l'Angleterre ne l'avait gagnée que par l'heureuse issue de combats de mer, ce ne serait là que la [force d'un moment que d'autres destinées pourraient faire passer dans les mains d'une rivale, mais telle n'est pas la situation des choses. Ce n'est pas un accident ou même une suite d'accidents heureux qui l'ont amenée à ce degré de puissance, c'est l'ouvrage de sa politique, d'une volonté forte et persévérante. Elle a, mieux qu'aucun peuple, compris et appliqué ce principe que sa puissance dépend non-seulement de sa force, mais de celles de ses voisins; attentive à porter ses regards autour d'elle, elle n'a perdu aucune occasion, soit d'assurer ses ressources, soit de ruiner celles des nations ses rivales. Aussi, que peuvent contre elle maintenant les Portugais, les Espagnols, les Hollandais, les Français même, qui tour-à-tour lui ont été redoutables ; c'est tout au plus si aujourd'hui les forces navales réunies de plusieurs de ces puissances pourraient entreprendre contre elle une lutte que sa prolongation rendrait toujours fort inégale. La perte d'une bataille dissiperait et les ressources de la coalition et la coalition elle-même, tandis que c'est à peine si cet échec serait aperçu dans la marine anglaise.

Sa prépondérance est donc la chose non-seulement la plus réelle, mais la mieux organisée qui fût jamais. Elle s'appuie sur cette immense disproportion qu'elle a mise entre elle et les autres peuples, sur le temps et les sacrifices qu'il faudrait à l'un d'eux pour toucher même de loin à sa prospérité, sur l'impossibilité des coalitions dans une chose qui demande une longue persévérance, enfin sur cette attention toujours soutenue à profiter de la plus petite circonstance susceptible de la maintenir ou de l'accroître.

Ces rapides considérations étaient utiles pour bien fixer la position de la France, et juger quel genre d'établissement serait de nature à élever son influence dans la Méditerranée.

Se bornera-t-elle à occuper des points isolés ? à monter la garde à quelques postes d'importance ? Ce système anglais qu'on offre comme le parfait modèle de toute combinaison de la puissance maritime, ne l'est point pour tous les cas. Excellent dans la situation de nos voisins, il serait détestable dans la nôtre ; ils possèdent l'empire des mers, et nous avons vu que cet empire, établi par la persévérance, n'était pas de ceux que l'effort d'un moment pouvait détruire ; ils sont donc sans craintes pour leurs possessions disséminées. Qu'on fasse la paix, qu'on fasse la guerre, leurs vaisseaux se promèneront toujours librement sur les mers, et leurs possessions, quelque restreintes qu'elles soient, continueront à leur offrir des asiles sans subir aucune privation, s'inquiéter d'aucune menace, la protection de la métropole sera vivace, constante. Nous est-il permis à nous d'adopter une semblable politique ? non seulement nous n'avons point en notre faveur cette toute puissante domination, mais nous l'avons contre nous ; elle appartient à un peuple que des circonstances particulières ont pu quelquefois ranger à notre alliance, mais qui, étant naturellement notre rival en puissance et en prospérité, reviendra toujours à une attitude ennemie. Ayons comme lui seulement des ports, des rochers fortifiés, s'ils lui inspirent quelque ombrage, ne prévoit-on pas ce qu'ils deviendraient en cas de guerre ? A moins de battre les Anglais dans plusieurs batailles navales, nos relations seraient rares, clandestines, insuffisantes, quelquefois impossibles, car la sévérité du blocus serait en raison de l'importance du port. La guerre durerait toujours autant qu'il serait nécessaire pour la ruine de toutes nos places ; ou si par hasard quelqu'une, à force de courage et de patriotisme, avait su résister, la paix * ne serait qu'au prix de son abandon.

De semblables établissements ne seraient donc toujours qu'un luxe inutile et souvent une source d'embarras et d'humiliations. Les mêmes considérations cessent de s'appliquer si ces établissements ont quelque consistance en eux-mêmes, peuvent vivre seuls et se passer de la main protectrice de la mère patrie. Cette mère, si elle veut échapper à la cuisante douleur de voir périr ses

* Remarquons que les charges d'une guerre maritime se répartissent très inégalement entre les deux peuples qui se la font. Elle n'impose au plus fort que quelques sacrifices d'argent, mais les mers lui sont ouvertes, et il n'y a rien de changé dans ses relations, si ce n'est celles qu'il avait avec le peuple même contre lequel il a tourné ses armes. Le plus faible, au contraire, voit tout à coup se tarir la plus abondante source de sa prospérité : son commerce maritime est tout entier éteint, ses fabriques sont vides, ses populations sont dans la misère. L'un peut donc soutenir cet état de choses aussi long-temps qu'il le croit utile, l'autre est promptement amené à demander la paix.

enfants, doit en enfanter qui marchent seuls forts de leur constitution et de leurs ressources, qui, loin d'offrir à son ennemi une proie facile, lui soient à elle un allié puissant et durable.

Si la France en était arrivée là, si elle avait réussi à coloniser l'Égypte, ou si, mieux encore, mettant une sérieuse attention aux tentatives qu'elle fait actuellement en Barbarie, elle parvenait à former là un peuple qui lui appartînt, elle aurait porté à la puissance anglaise dans la Méditerranée le coup le plus rude dont elle puisse la frapper. Supposez que notre marine nécessairement agrandie par ces nouvelles relations, garde cependant son infériorité, supposez que ces peuples habitants d'un littoral et par conséquent navigateurs nés, n'aient pu encore en élever une redoutable, au moins monteraient-ils de légers vaisseaux qu'ils sauraient conduire et défendre. Les navires du commerce venant du détroit passeraient ainsi entre une double haie ennemie, se jetant à l'une en voulant éviter l'autre. Il faudrait toujours une flotte en mer pour les protéger. Alger borné à un seul point d'action, avec une frégate et quelques légers esquifs, s'était rendu redoutable, que ferait un peuple échelonné le long de la côte depuis Bone jusqu'à Oran, gouverné par la France et secouru par elle, tous deux si bien placés pour s'appuyer mutuellement.

Demeurons assurés que notre importance en serait immensément accrue, que nos tout puissants voisins cesseraient de mépriser la force de nos vaisseaux, et compteraient la paix avec nous pour quelque chose.

Il est des personnes qui vont prendre leurs arguments dans l'attitude de leurs ennemis et disent : si la côte d'Afrique était un poste si important, comment les Anglais avant nous n'auraient-ils pas tenté de s'emparer d'Alger? Pourquoi maintenant s'inquiètent-ils si peu de notre occupation? A la première question je répondrai que le plus grand intérêt des Anglais était de laisser les côtes d'Afrique entre les mains d'un peuple barbare, sans puissance, et en dehors de toute combinaison européenne. Que seraient-ils venus faire eux-mêmes sur ce rivage! ils se seraient bien gardés d'y jeter des semences de civilisation qui pouvaient plus tard tourner contre eux, comme cela est arrivé en Amérique; et comme ils n'avaient pas besoin de nouvelles stations dans la Méditerranée, laisser la côte aux puissances barbaresques était plus économique et plus sûr. On a demandé souvent comment les nations européennes avaient pu si long-temps souffrir la piraterie d'Alger. La réponse, je viens de la faire.

Mais maintenant que la puissance algérienne est détruite, que l'exemple a été donné, aban-

donnez Alger, et soyez sûrs que les Anglais y seront le lendemain de votre départ, non pour y
gagner ce peuple à la civilisation, mais pour empêcher au contraire qu'elle y pénètre jamais.

Quant à la seconde question : je dirai que je
ne crois pas le moins du monde que les Anglais
nous voient avec indifférence en Afrique. Mais, .
dit-on, le parlement qui s'en est préoccupé quelque temps, garde maintenant un insouciant silence? eh bien ! encore dans cette occasion le parlement joue le rôle qui lui convient. Il ne peut
maintenant se mettre en guerre avec nous à cause
de l'utilité dont lui est notre alliance pour la question de Constantinople. De quoi serviraient donc
ses plaintes, si ce n'est à nous mieux démontrer
les avantages de notre conquête? Il voit qu'elle
nous a déjà divisés, que plusieurs de nous ont
prononcé le mot d'abandon; il s'en remet à notre
légèreté, et laisse faire. On connaît ce mot de lord
Wellington auquel on exprimait la crainte de voir
les Français se fixer à Alger : « Laissez-les s'y
» établir, répondit-il, je les connais, ils y dépen
» seront beaucoup d'argent, se dégoûteront et
» s'en iront. »

Cependant, ce concours d'évènements qui force
l'Angleterre à des ménagements envers nous peut
ne pas durer long-temps. Si tout-à-coup elle s'opposait ouvertement à notre établissement en

Afrique , elle pourrait nous susciter de grands obstacles, c'est pourquoi il est important de nous presser , comme l'a dit M. Thiers , d'y constituer notre puissance.

Ce qu'a de remarquable ce système , c'est qu'en reniant la colonisation , il affiche assez n'avoir en vue que l'extension et la puissance de notre marine , et cependant va directement contre son but. Il présente tous les inconvénients des ports isolés , n'ayant de vie que celle de la métropole. Bien plus, il prépare une éternelle guerre avec les indigènes, qui, s'ils se défendent quelquefois faiblement, ne se découragent jamais, quand on leur a laissé prendre l'avantage de l'attaque. Enfermés dans nos villes, il nous faudra presque autant de troupes pour résister, qu'il nous en faudrait pour maintenir sous notre obéissance toutes les tribus de la régence. Jusqu'à ce qu'éclate une guerre maritime, nous nous serons créé un établissement coûteux, à peu près inutile et sans aucun autre avenir que celui de le remettre aux Anglais. Vienne, en effet, cette guerre , et dites comment vous échapperez à cette honteuse nécessité. Tandis que leurs vaisseaux vous bloqueront par mer, les indigènes encouragés par eux, secourus de leurs canons et de leurs soldats, redoubleront leurs efforts. Séparés de la mère-patrie, vos ressources s'épuiseront tous les jours, et viendra un moment où la valeur de nos soldats ne suffira plus ; il faudra se rendre, c'est une position forcée.

Ce malheureux système est plus déplorable cent fois, que l'abandon actuel. Avec lui nous creusons des ports et bâtissons des villes pour les donner à nos ennemis.

Il y a long-temps qu'on dit que les personnes les plus promptes à se flatter d'un succès, sont aussi les premières à en désespérer. Jamais cette vérité n'a été mise à plus grand jour, que par les opinions successives qui se sont formées sur l'Afrique. Quand la première fois on a fait entendre le mot de colonisation, chacun a applaudi, personne ne l'a compris diversement. Il faut attirer ces peuples à nous, disait-on : quand ils compareront leur vie pénible aux douceurs de la nôtre, quand ils verront le luxe de nos maisons, qu'ils auront pris part aux délices de nos tables, qu'ils auront remarqué de toute part le bien-être qui nous environne, il est impossible qu'ils résistent long-temps à ces séductions. Pas du tout, c'est que ces grands moyens n'ont pas opéré. Ils nous ont vus, et ils ont continué à se couvrir de leurs burnous, ils n'ont point adopté le chapeau rond; ils ont placé au-dessus de nos mets les plus délicieux leur couscoussou qu'ils s'obstinent à manger avec les doigts, enfin ils n'ont que des dédains pour la mollesse de notre vie et les usages auxquels nous nous enchaînons.

Conçoit-on ce qu'une conduite si inattendue dût produire de changements dans les sentiments de ceux qui s'imaginaient qu'il n'y avait qu'à faire bombance à Alger, et se promener dans ses rues pour produire la plus soudaine révolution. Aussi ne s'échappe-t-il plus de leurs bouches le moindre mot d'égard pour cette misère qu'on voulait tant finir. Les Arabes ne sont plus à leurs yeux des hommes. On ne pourra jamais briser la croûte de barbarie qui les couvre. C'est alors qu'a pris naissance le système d'extermination et la pensée moins inhumaine, mais aussi désespérée, de quitter l'Afrique ou de restreindre l'occupation.

C'est une opinion commode à tout le monde que de se prononcer contre une entreprise qui commence. Ceux qui n'examinent pas ont plutôt fait : ceux qui examinent peu ont avec deux ou trois idées le mérite d'une opinion ; enfin ceux qui observent davantage se font tout d'abord une plus grande réputation d'habileté : 1° parce que les obstacles étant ce qui frappe d'abord, on est mieux compris en les signalant qu'en indiquant des éléments de succès ; 2° parce que toute nouvelle entreprise rencontrant de nombreuses difficultés, ceux qui par leur pensée première n'ont point pris à leur charge les moyens de les surmonter, font honneur de tout à leur pénétration et triomphent à chaque pas.

Un bien faux raisonnement est celui qui entraîne à penser qu'un peuple se soumettra vite aux mœurs d'un autre parce que celui-ci est plus avancé et que ses mœurs même lui offrent des usages plus commodes ou plus agréables. C'est précisément le contraire. Plus les unes seront infimes et les autres supérieures, moins les premières consentiront à plier sous les secondes. La raison s'en conçoit facilement : c'est que celui qui renonce à ses idées, à ses usages pour adopter ceux d'un autre , fait l'aveu de son infériorité, par conséquent un effort sur son orgueil. Une seule chose peut l'engager à cet effort, c'est une raison éclairée; à mesure donc qu'il en aura moins, il sera plus directement sous le joug de son intolérante passion. Ainsi ces principes nous expliquent pourquoi tant d'améliorations utiles ont de la peine à s'introduire chez les peuples même les plus civilisés. Ainsi ils nous disent que les plus barbares sont précisément les moins disposés à changer leurs usages.

Les gens qui n'agissent pas d'enthousiasme et qui, sur les lieux même, ont adopté la pensée de la colonisation, ne se sont donc jamais fait de folles illusions; ils ont bien su qu'ils entreprenaient une tâche difficile, qui demandait des observations, des ménagements, du temps et de la persévérance. Or, ces hommes s'appliquant à connaître les Arabes, loin d'avoir abandonné leur première pensée, s'y sont fortifiés davantage par cette étude. A peu près, tous ont la conviction que les obstacles seront surmontés, et si quelques-uns doutent, c'est moins en jugeant le peuple à civiliser qu'en s'effrayant de la légèreté, de l'inconstance, du peuple qui l'entreprend.

Quoique cela ait plutôt l'air d'une satyre que d'un sérieux langage, il est vrai de dire cependant qu'à peu d'exceptions près on peut diviser en deux classes les personnes qui apportent des opinions sur les Arabes : celles qui, s'étant arrêtées à une première impression défavorable, n'ont point cherché à pénétrer plus avant, et celles qui les ont étudiés en se créant des relations avec eux, en apprenant leur langue, en pénétrant dans leurs douars. Celle-ci, comme nous l'avons dit, sont favorables à la colonisation par la civilisation, celles-là prononcent qu'elle est impossible.

C'est aux ministres, aux pairs, aux députés, et à tous ceux qui ont le malheur d'être obligés de juger sur la foi d'autrui, de démêler les bonnes des mauvaises ou superficielles observations. Cette nécessité de décider sans connaître est déjà assez susceptible d'erreur sans y joindre l'aveugle accueil des opinions.

La réputation des habitants de la côte d'Afrique comme la première impression produite par leur vue, les récits de leurs cruautés et de leurs rapines, disposent à des jugements erronés à leur égard. On s'imagine qu'insoumis à toute règle sociale, ils n'ont aucune notion du juste et de l'injuste; qu'ils aiment à répandre le sang, à défigurer un visage d'homme en lui enlevant le nez et les oreilles. Eh bien, quoique leurs habitudes semblent autoriser cette pensée, on s'égarerait entièrement en la faisant absolue. Les Arabes n'obéissent en cela à aucune malheureuse disposition de nature, mais ils se trouvent dans l'état où tout peuple a été dans son principe, c'est-à-dire qu'ils reconnaissent un droit civil, mais ne comprennent rien du tout au droit des gens.

Le droit civil qui règle les relations des hommes entre eux, repose sur une nécessité qui se fait sentir d'abord. Il suffit que deux hommes soient réunis pour qu'il y ait indispensable application de quelques règles de ce droit; mais tandis que le bon sens soutenu de cette passion d'égoïsme, qui domine toutes les autres passions humaines, démontre à ceux qui se sont réunis en société, pour un but commun, qu'ils ont des devoirs les uns envers les autres : les mêmes causes semblent crier à cette association qu'elle ne doit à une association voisine, dont souvent la proximité et la rivalité l'importune, que haine et destruction. Si l'intérêt du moment me pousse à trahir celui qui s'est mis avec moi, il est un sentiment inné qui me le défend; si je poursuis, ma raison, quelque peu éclairée qu'elle soit, m'avertit que je commets un crime. Mais cette raison s'interposera-t-elle, avec les mêmes droits, entre deux peuples qui se font la guerre! Non. Loin de-là : elle poussera cette guerre à ses derniers désastres. La politique du vainqueur sera nécessairement de faire à son ennemi tout le mal en son pouvoir, de l'anéantir même entièrement si c'est possible, à moins qu'il n'ait un plus grand intérêt à le laisser vivre.

Voilà le motif de la cruauté d'un Arabe. Il coupe la tête à son ennemi, même vaincu, parce que c'est, selon lui, l'acte d'une saine raison, parce que aussi elle atteste son triomphe et sa puissance.

Ce qui change et grandit les idées d'un peuple, ce sont ses relations, et ses relations sont à proportion de ses besoins. Or, le genre de vie des Arabes, qui a restreint les siens aux choses seulement indispensables, ne leur a pas permis de pénétrer plus avant que nous venons de le dire dans la connaissance des droits et des devoirs; mais les principes qu'ont admis leur raison, ou leurs usages, règlent leurs sentiments et leur conduite. Ils y sont attachés, s'y soumettent, et appellent sur ceux qui les violent la vengeance des hommes et de Dieu même. Ces peuples ne sont donc point immoraux : car la moralité consiste à faire une continuelle application des règles par lesquelles on a, selon ses lumières, discerné le bien du mal. Sans doute, comme partout il y a des individus qui les enfreignent, mais c'est le petit nombre, et au moins on ne les voit pas, comme chez nous, en afficher le dédain.

Il suit de là que la moralité d'une action dépend entièrement de la position de celui qui s'y livre, et que quand nous avons imité leurs cruautés nous avons souvent manqué à tous nos devoirs, tandis qu'eux ne violaient aucun des leurs. Pour n'en citer qu'un exemple, comment tolère-t-on que sur leur imitation nous décapitions tous les hommes qui tombent sous nos armes; outre que défigurer ainsi un cadavre est indigne de notre civilisation, croit-on que ce barbare usage n'atteint que des hommes privés de vie? Dès lors qu'on attache quelque gloire à s'environner de têtes, à revenir d'une expédition chargé de ces sanglants trophées, on peut être sûr que le soldat, jaloux de se montrer avec éclat aux yeux de ses camarades, fera tomber sous son sabre toutes les têtes dont la victoire l'a rendu maître. Qu'importe que son ennemi pose les armes et lui tende des mains suppliantes, un prisonnier est embarrassant; il le tue, sa tête suffit pour attester son triomphe. Cette odieuse tolérance qui ne s'appuie que de mauvaises raisons va droit à encourager la guerre d'extermination.

Il faut des méditations et des lumières pour s'élever à ces hautes spéculations de morale qui fixent les devoirs des hommes entre eux par la considération de leurs devoirs envers Dieu ; au contraire, on devine presque instinctivement ceux qui naissent des conventions consenties, ou expressément ou tacitement. Les Arabes qui méconnaissent les premiers, sont observateurs des seconds. S'ils sont engagés par leur parole librement donnée, il est rare qu'ils la violent. Leurs ennemis comme leurs alliés peuvent y compter. On en a vu se soumettre aux plus cruels sacrifices pour rester fidèles à leurs promesses.

On comprend, d'après ce que je viens de dire, qu'ils soient meilleurs observateurs des pratiques de leur religion que commentateurs éclairés de sa morale. Cependant, parmi les peuples soumis à l'islamisme, c'est un des moins fanatiques. Déjà ils ont bien compris que nous n'en voulions pas à leur croyance, et ce nom de chrétien, par lequel on réussit encore à les exciter contre nous, est plutôt l'effet des préjugés anciens, que d'une haine nouvellement réveillée par notre présence.

Il ne faut pourtant pas se le dissimuler, bien que la morale de leur religion ait les mêmes préceptes que la nôtre, que chacune des deux sectes ait des principes communs de vénération, il n'en est pas moins vrai que c'est par là qu'ils se séparent le plus de nous. Les obstacles qui en surviennent sont cependant loin d'être infranchissables. On peut le reconnaître par les relations ordinairement satisfaisantes qui se sont établies entre les Français et les marabouts; plusieurs de ces hommes pieux, les plus éclairés d'entre les Arabes, et qui possèdent toute l'influence, ont compris et avoué que les deux religions n'étaient pas naturellement ennemies, ce que l'un d'eux a caractérisé par cette expression pleine de justesse : *Ce sont deux sœurs qui se sont brouillées.* Si elles en viennent à se reconnaître, pourquoi ne parviendrait-on pas à les faire se donner la main quand l'une déjà tend cordialement la sienne et court au devant d'une réconciliation *? Si un pareil résultat

---

* Pour les convertir au christianisme, quelques personnes ont parlé de missionnaires; non-seulement je crois que leurs efforts seraient actuellement inutiles, mais je

était jamais atteint, même sur un petit coin du

crois qu'ils seraient dangereux. Toute tentative faite avec quelque éclat pour enlever à leur croyance des sectateurs et les appeler à la nôtre, leur semblerait une attaque directe contre leur religion. Elle exigerait d'ailleurs des ecclésiastiques qui se consacreraient à cette œuvre, une grande sagacité et une longue étude de ces peuples. Peu auraient assez de lumières et de talent pour se maintenir dans les ménagements désirables. Un écart de zèle ou de parole serait le texte d'une calomnie intéressée, et pourrait avoir les plus funestes suites. Il vaut mieux laisser faire le temps, il continuera son ouvrage en affaiblissant les haines et les préventions ; puis peut-être donnera-t-il une époque où ce qui serait à présent nuisible deviendra utile. Seulement, si cette mesure est jamais essayée, elle devra abandonner les anciennes voies qu'avait créées une foi vive et intraitable, pour se jeter dans les nouvelles routes qu'ont ouvertes la modération du siècle et une plus saine intelligence de la charité chrétienne. Loin de traiter sans une sorte de respect les croyances des indigènes, elle devrait surtout s'appliquer à leur montrer les points par où elles touchent aux nôtres, que toutes deux ont un noble but, et qu'il n'y a rien, dans ce qui les divise, qui doive les pousser à se haïr et se déchirer. Un pareil résultat suffirait, sans doute, aux esprits philosophiquement religieux ; mais pour lui gagner le cœur de ceux même qui, sans le savoir, sont encore intolérants, . il faut réfléchir que, les choses une fois amenées là, la victoire d'une conviction sur l'autre appartiendrait nécessairement à la plus éclairée, à la moins exclusive, globe, il aurait d'immenses conséquences et serait, après l'établissement du christianisme, le plus grand bienfait qu'eût jamais reçu le monde.

Une règle de leur religion, qui, par le vif attrait qu'ont ces peuples pour l'amour, semble devoir être la plus difficile à forcer, c'est la tolérance de la pluralité des femmes. Mais cette tolérance, chez les Arabes de l'Algérie au moins, n'est plus guère qu'un principe, presque tous n'ont qu'une femme. Cette circonstance est importante, parce qu'elle lève un des plus grands obstacles qui pourraient s'opposer aux mariages entre personnes des deux religions.

Après la religion, deux puissances surtout, que nous possédons, ont la plus grande action sur ces peuples, c'est l'argent et la force. Ces deux divinités que partout les hommes encensent plus ou moins, ont surtout le culte des Arabes. Cette vénération est si naïve qu'elle ne songe point à se déguiser, leur passion pour les richesses éclate en toute occasion, mais c'est surtout devant la force matérielle qu'ils font abnégation de toute volonté. Elle a leur respect aussi bien que leur soumission : en face du parti de la victoire il n'est point de devoirs et de fidélité, tout l'art, je dirai presque toute la vertu consiste à déserter à temps. Plusieurs fois des tribus sont venues expliquer qu'elles n'attendaient qu'un signe positif de la supériorité de nos armes pour se ranger de leur parti, et sous les murs de Constantine, les Arabes qui tenaient la campagne criaient à nos soldats : « Prenez la ville aujourd'hui, nous serons demain avec vous. »

Cette soumission n'est pas chez eux lâcheté, car ils sont braves. Elle découle de deux principes qui s'influencent mutuellement : le premier, leur croyance en la fatalité et la disposition à accepter un fait puissant comme un oracle de la destinée ; le deuxième, l'habitude de considérer tout abus de la force comme le droit du vainqueur. Lui résister et demeurer vaincu, n'est pas seulement s'être exposé à supporter de dures lois, c'est lui avoir fait un don volontaire de tout ce qu'on possédait avant la victoire. C'est avoir remis entre ses mains implacables ses terres, ses richesses, sa vie, ses femmes, ses enfants. De si terribles conséquences, jointes aux opinions de la prédestination, ont dû nécessairement les rendre avares de dévouement absolu, et leur faire estimer l'habileté qui sait à temps choisir son parti, cette science n'étant, à leurs yeux que l'art de lire dans les arrêts du sort, et d'échapper aux malheurs que se préparent ceux qui veulent les combattre.

Les tribus qui toutes ont éprouvé tour-à-tour l'inconstance de la fortune, sont fort lasses de leurs guerres, elles désirent, pour l'Algérie, une puissance complètement maîtresse, qui mette fin à ses petites querelles par la prépondérance de sa domination. C'est cette haine de l'anarchie qui a subitement élevé la puissance d'Abd-el-kader, c'est elle qui nous a valu la soumission d'un grand nombre de tribus; c'est par elle aussi que notre puissance, qui sera sans rivale quand elle le voudra, sera au moins adoptée par les Arabes comme une nécessité.

A mesure que nous étendrons notre domination, les peuples de l'Algérie, loin de la fuir, viendront d'eux-mêmes s'y assujettir, et la regarderont, de plus en plus, comme le gage de leur sécurité. D'ailleurs, quoique beaucoup de ces populations soient nomades, il ne faut pas croire que tous les lieux leur soient indifférents; ils s'attachent à ceux où s'éleva leur enfance, plus peut-être que nous ne nous attachons, nous-mêmes, à la ville de notre naissance. Des tribus des environs de Bone, qui avaient d'abord fui notre présence, bientôt vaincues par ce sentiment d'amour de la patrie, se sont rapprochées de nous, priant les Français de les laisser passer et achever leurs jours dans des lieux où ils avaient habité avec leurs pères et qui recélaient leurs tombeaux.

Ces détails empruntés aux points les plus saillants du caractère et des mœurs arabes, suffisent aux questions qui sont ici à résoudre. Ils suffisent encore pour démontrer que s'ils contrarient en quelque chose le dessein de civiliser ce peuple, ils offrent aussi bien des ressources à un gouvernement qui saurait les reconnaître et en profiter.

Pour coloniser un pays, il est une première condition indispensable, c'est d'en chasser complètement les habitants, ou de les attirer à soi et de vivre en paix avec eux. C'est cette première condition que recherchent tous les systèmes de la colonisation. Avec raison on la regarde comme sa principale base, l'établissement nouveau ne peut prospérer qu'avec elle ; s'il ne l'obtient pas, il périra.

Pour rester dans cette question, et cependant conserver les expressions employées, j'avertis que les mots de système de colonisation ne se rattachent ici en rien au gouvernement de la colonie ayant pour but le développement de son industrie agricole, ou autre, mais signifie simplement système ayant pour but de donner à la colonie la paix et la sécurité. Cela dit, je poursuis.

Si l'on acceptait pour *système* de colonisation de l'Algérie tout ce qui se décore orgueilleusement de ce titre, on n'en finirait pas. Il n'est personne qui, ayant été dans le pays, ou recueilli quelques récits de voyageurs, ne se croie en droit d'offrir son *système*. Le plus souvent ce système n'est rien, ou un amas d'idées confuses, mal digérées, décousues, sans base commune, qui fatiguent l'esprit qui veut les comprendre, et réussissent, pour l'ordinaire, à l'entourer d'une nuit si sombre qu'il ne peut la percer.

Quelqu'un qui n'aurait jamais vu d'arbre, et qui tout à coup se trouverait en face d'un de ces noyers centenaires, cachant sous son immense feuillage le tronc qui le porte et la terre qui le nourrit, ne pourrait, dans cette position, se faire idée de sa structure ; il ne saurait d'où viennent ces branches, qui les sépare et les unit, comment elles ont pu se produire ; si les feuilles en sont l'effet ou la cause ; ce serait enfin pour lui la chose la plus obscure du monde : mais cette confusion cesserait si, s'approchant, il découvrait le tronc ; de suite il comprendrait l'arbre et la filiation de toutes ses parties. Il en est à peu près de même d'un système en général, à quelque matière qu'il s'applique, même au gouvernement des peuples. C'est ordinairement une idée simple, claire, ayant des déductions logiques qui toutes se coordonnent ensemble et deviennent alors intelligibles au plus faible esprit qui en a considéré la base avec atten-tion. Défions-nous donc de tout système qui n'a pas ce caractère de lucidité, et se place plus haut que les intelligences communes , on peut à peu près être sûr qu'il n'en est pas un.

Je laisse donc de côté tous ces rêves insignifiants

pour ne m'occuper que de deux moyens présentés. L'un parce qu'il est vrai, fécond, l'autre parce qu'il est mis actuellement à l'œuvre et réunit l'opinion de plusieurs hommes considérables. Le premier peut s'intituler *système de l'extension de la domination française*, l'autre s'est dénommé lui-même *système de la paix armée*.

Le système de l'extension de la domination française est celui de M. le maréchal Clausel. Il faut dire de suite qu'il s'adapte parfaitement aux exigences du pays ; au caractère, aux dispositions des habitants, en un mot qu'il est excellent, le seul même raisonnable, que les autres seront bons par les points où ils s'en rapprocheront, mauvais par ceux où ils s'en écarteront davantage.

Ce système consiste, dans son principe, à considérer la domination française comme ayant succédé à la domination turque ; dans son exécution, à ne laisser aux indigènes aucun centre de force, et à disséminer sur quelques points de l'intérieur du pays des garnisons françaises, liées entre elles pour leurs communications par des camps retranchés.

M. le comte Clausel se plaignant, dans sa dernière brochure, qu'on veuille considérer ces idées comme une utopie qui lui soit particulière, dit qu'elles appartiennent à tous ceux qui ont voulu ou voudront considérer attentivement l'Algérie.

Il a raison en cela ; de plus on doit reconnaître que ce système n'est rien autre que celui pratiqué par les Turcs. La force des observations qui le rappelle, doit être bien puissante, puisqu'après sept années d'efforts pour en rencontrer un autre, on est toujours ramené vers lui. C'est que là comme en toute chose, il n'y a qu'une idée vraie, les autres sont des erreurs plus ou moins funestes.

Qu'on se donne la peine de réfléchir à ce qu'on sait du caractère arabe, et l'on verra combien ce système est favorable. En brisant les centres de puissance, on finit toutes les guerres isolées, parce qu'on enlève aux tribus qui les font, l'espérance qui les soutient. Reléguées en elles-mêmes, bientôt elles reconnaissent qu'une lutte si inégale ne peut donner rien de bon ni de durable, elles acceptent la loi de la nécessité, et se soumettent*. En élevant sur certains points une force permanente, il change en effet durable la puissance morale d'un succès, il appelle à nous les tribus, qui, lasses de la guerre, n'attendent, pour y venir, qu'une garantie de protection ; il excite et favorise leurs désirs d'indépendance : c'est-à-dire, qu'à la fois il éclaircit les rangs de nos ennemis, sème la division

---

* C'est ainsi que la soumission des Hadjoutes est bien plus dans les camps d'Abd-el-kader et d'Acmeth, que dans le sein même de leur tribu.

parmi eux et les oblige enfin à reconnaître qu'il n'y a repos et sécurité que sous la protection française.

Si l'on dit que ce système consacre le principe d'une guerre perpétuelle, je dis au contraire qu'il va précisément à l'éteindre, à la rendre impossible. Si on objecte qu'il faudra une immense quantité de soldats pour occuper toutes ces places, garder tous ces camps, fournir à toutes les cohortes de ravitaillement, je réponds qu'un système qui vise à obtenir de nombreuses alliances parmi les indigènes, à diviser et isoler ses ennemis, est précisément un système économe de soldats; que peu de temps après son application, lorsque le pays sera pacifié, de faibles garnisons suffiront à la garde des places, les convois circuleront accompagnés de simples escortes comme celles qui vont à Guelmah, ou à Boufarik ; enfin que les camps retranchés devenant peu à peu inutiles, pourront être abandonnés. Le nombre de troupes qu'exigerait ce système, ne dépasserait pas celui que réclamerait l'application de tout autre voulant la soumission ; seulement ces troupes seraient utilement échelonnées et préserveraient l'avenir de toute guerre importante.

Il ne faut point juger de ce qui se passerait alors par ce qui se passe aujourd'hui. Si je dis que les communications entre les divers points n'auraient besoin que de faibles escortes, on ne doit pas m'objecter les armées actuellement nécessaires pour ravitailler Tlemecen. L'ennemi ne serait plus dans les conditions de force où il se trouve à présent. Abd-el-kader serait abattu, les populations ralliées par lui dissipées, et les tribus, réduites ainsi à l'impuissance par leur isolement, n'oseraient tenir la campagne contre nous.

Ce système, on le conçoit, ne repousse point les traités avec des chefs arabes qui reconnaîtraient notre domination, et recevraient leur investiture de la France. Des chefs dans cette position seraient les représentants de la force française, il faudrait seulement qu'ils ne fussent pas trop puissants, et que les points d'occupation de nos troupes fussent calculés de manière à servir à les assurer, eux de l'obéissance de leurs peuples, nous, de leur fidélité. Ce besoin de garantie ne permet guère de traiter avec Abd-el-kader. Pour qu'il y consentît, il lui faudrait les affaires les plus désespérées, alors sa soumission ne serait point de bonne foi : il travaillerait en secret à reconquérir son indépendance. Quant à Acmeth, on s'est trop avancé contre lui pour reculer. On l'a déclaré déchu, on a nommé un bey à sa place. La politique, l'échec de Constantine, commandent également que ces choses aient leur exécution.

En regard des moyens de pacification que nous venons de développer, mettons ceux qui dérivent du système de la paix armée. Selon cette dénomination de paix armée, il semblerait qu'on veut seulement occuper le littoral avec l'espace de terrain actuellement utile à la colonie, s'y enfermer par une ligne de camps et de blockaus, et s'y borner à se défendre. Cependant il n'en est rien. Ce système, dès le premier abord, dépasse les limites qu'il s'est lui-même tracées, viole les expressions par lesquelles il a voulu se distinguer, et s'associe de suite à la nécessité des lointaines expéditions. Pour sortir du vague où laisse cette contradiction, aidons-nous des paroles de M. le président du conseil à la Chambre des Députés. « Il faut, a-t-il » dit, abattre la puissance d'Abd-el-kader, celle » d'Acmeth, et forcer les chefs africains à recon- » naître notre domination. » Il ajoute qu'on ne peut s'expliquer si on gardera Tlemecen et Constantine. C'est à peu près dire qu'on veut les abandonner. Commençons par observer que ce système reconnaît ainsi le principe même du système par extension. Comme lui, il ne veut souffrir aucune puissance redoutable indépendante de l'autorité française. Il a raison, sans doute ; mais par où donc se distingue-t-il ?

Nous aurions encore de la peine à le comprendre s'il ne se présentait deux faits pour l'expliquer : la guerre entreprise par le général Bugeaud, puis l'abandon du camp de la Taffna.

En faisant une violente guerre aux peuples armés contre nous, on espère leur rendre cet état insupportable ; de la sorte, on n'appelle à soi personne, on traite tout le monde en ennemi, mais on se flatte, sans doute, que, dévastant le pays et mettant ainsi ses habitants dans l'impossibilité de vivre sans la paix, ils l'accepteront aux conditions qu'on dictera, qu'ensuite on rentrera paisiblement dans les lignes d'une occupation restreinte, et qu'on pourra avec tout loisir donner son attention à la prospérité de la colonie.

C'est-à-dire, qu'après avoir vaincu vous renoncerez gratuitement à tous les fruits de la victoire. Vos ennemis, un instant comprimés, n'auront rien perdu que les batailles que vous leur aurez livrées. Mais ils seront toujours sous une même autorité, plus unis que jamais par une communauté de haine et de vengeance. Puis vous, tranquilles, vous en remettant à des promesses arrachées par la force seule, vous les laisserez réparer leurs pertes et tout organiser pour de meilleures et plus opportunes attaques. En attendant qu'elles soient générales, vous en aurez de fréquentes sur divers points. Vous vous en plaindrez aux beys qui auront traité avec vous ; mais ils déclineront la responsabilité de ces actes, ils se plaindront eux-mêmes de n'être pas obéis ; que ferez-vous alors ? de nouvelles campagnes qui en engendreront encore de nouvelles ; ce sera sans terme.

Mais ce système n'est pas nouveau ; il a déjà été essayé aux portes d'Alger, à Blida et Médéa. Nous avons pris ces villes, puis nous les avons abandon-nées, après y avoir reçu des promesses de soumis-sion et nommé beys les hommes même que de-mandaient les habitants. Qu'est-il arrivé? Ces beys n'ont jamais eu de véritable autorité. Leurs par-tisans, laissés à eux-mêmes, n'ont pas osé les dé-fendre contre l'audace toujours croissante de ceux qui les attaquaient. Enfin, ils ont été chassés, et le pays, en protestant toujours de sa fidélité, nous a toujours été hostile. Il en sera de même et à plus forte raison de ces vastes provinces dont vous aurez accepté la soumission sans garantie.

Si l'on voit l'inutilité de vos expéditions, on doit comprendre également la difficulté de garder intactes vos lignes de défense. Ce ne sont plus des villes ou des enceintes que vous voulez maintenir contre vos ennemis, c'est tout un vaste territoire. Vous multiplierez les camps et les blo-kaus? Il en faudra beaucoup pour répondre de la sûreté des colons, encore ne les serrerez-vous ja-mais assez pour empêcher toute incursion. On re-connaîtra alors que ce système est celui qui de-mande le plus de troupes, qu'il les accable de fatigants services, et ne leur laisse pas même pour repos les jours où l'ennemi ne se présente pas.

Cette pensée de concentrer ses forces n'est d'ailleurs pas plus nouvelle que celle des alliances sans garantie. Elle fut mise à l'œuvre sous le général Berthesen qui aggloméra toutes ses forces dans les environs d'Alger. Je l'ai déjà dit, on double celles de ce peuple en lui laissant l'offensive; son audace, sa confiance est toujours en raison inverse de celles de son ennemi. Il s'oppose mal à qui l'attaque, mais il attaque avec témérité qui se borne à se défendre. Dans la circonstance dont je viens de parler, laissa-t-il en repos le général Berthesen? non. Il appela sa tactique de la peur, et, loin de renoncer à porter ses armes sur un point rendu si formidable, il le harcela par d'infatigables attaques. Les troupes, écrasées de service, succombaient sous l'exigence de la position qui devint bientôt intenable. Elles reprirent l'offensive, chassèrent l'ennemi devant elles, et purent enfin trouver du repos. Ajoutez à cela l'inévitable effet du système; c'est que nous perdîmes tous nos alliés, parmi eux le bey de Titery qui peu de temps avant avait brigué notre amitié.

Les personnes qui soutiennent le système de la paix armée ne sont pas de celles qui ont refusé tout sentiment d'intérêt aux Arabes; loin de là, elles n'ont perdu aucune occasion de défendre en eux les droits de l'humanité. Elles ne veulent ni les anéantir par les armes, ni dévaster leurs champs, ni incendier leurs demeures. Pourtant, je les conjure de réfléchir que ce système ne va pas à un autre but. Il n'organise rien, n'appuie son avenir d'aucune force gouvernementale. Tout repose sur ce principe : la crainte de la guerre. De là la nécessité de la faire terrible, implacable. Le général Bugeaud l'a bien compris. Sa proclamation n'est qu'une suite de l'intelligence de sa position.

Les Arabes ont tout ce qu'il faut pour être d'excellents hommes de guerre ; ils sont courageux, sobres, infatigables ; mais, comme les peuples barbares, ils n'ont aucune tactique militaire. Ils se présentent au combat isolément, sans chef. Chacun n'a pour se guider que son intelligence et son courage. Il est vrai que tous deux les servent très bien quelquefois. Accoutumés à s'en fier ainsi à eux-mêmes, ils observent avec sagacité, jugent d'un coup-d'œil la position de l'ennemi, l'attaquent par son point faible, et se précipitent sur lui avec résolution s'ils voient sa contenance mal assurée.

Cependant, malgré cela, la tactique européenne a sur eux un avantage marqué. Ils ont appris à leurs dépens ce que valent ces masses mises en mouvement par une volonté unique, aussi ne les attendent-ils jamais toutes les fois qu'elles se présentent en bon ordre. Une autre infériorité qui n'a pas de moins grands résultats, c'est qu'ils manquent d'artillerie de campagne ; ils ne savent se servir des canons qu'en les mettant en batterie, en sorte qu'il suffit d'emporter une position pour les leur enlever tous. S'ils ont quelques pièces mobiles, elles sont portées par des mulets ou placées sur de mauvais traîneaux, ils les dirigent mal et tirent toujours de fort loin parce qu'ils redoutent les charges de nos soldats auxquels j'ai déjà dit qu'ils ne savaient pas résister.

On comprend tout notre avantage dans les batailles ; mais s'il est facile de les gagner, il l'est beaucoup moins de terminer la guerre. D'ordinaire la victoire ne décide rien : ce sont quelques hommes morts, la conquête d'un aride champ de bataille, quelquefois de mâsures désertes : mais la masse de l'ennemi a échappé. Un instant lui suffit pour se mettre à couvert ; il a, pour le servir dans sa fuite, ses montagnes, et la légèreté de sa course ; comme il porte avec lui le peu dont a besoin sa vie de fatigues et de sobriété, il se trouve établi à quelques lieues de là à peu près aussi bien que la veille de sa défaite.

Il semble donc impossible d'en finir avec un ennemi de ce genre ; cependant l'obstacle est peut-être moins grand qu'on ne se l'imagine. Il sera levé, le jour où, abandonnant ce système de combats livrés si loin de nos établissements, on se persuadera que la tâche entreprise ne peut s'achever par un coup de main, mais demande une action soutenue. La marche de nos armées doit être la première application des principes que j'ai indiqués plus haut comme les plus favorables à l'affermissement de notre domination. Au lieu de courir d'un trait d'Oran à Mascara, d'Oran à Tlemecen, de Bone à Constantine, il faut s'avancer lentement, prendre pied dans le pays à mesure qu'on s'y engage, et s'y créer toutes les ressources possibles; comme cela, une campagne serait plus longue, mais elle aurait un immanquable résultat.

Les meilleures choses demandent des corrections selon les lieux et les circonstances. C'est cette maxime que les Français ont tout-à-fait oubliée en transportant la guerre en Afrique. Ils ont en tout point conservé la routine d'Europe pour les grandes comme pour les petites choses; ainsi au milieu de déserts arides, ils font des pointes sur des résidences qu'ils s'obstinent à prendre pour capitales; dans un pays dépourvu de routes, tout coupé de montagnes et de ravins, ils se font suivre par de pesants chariots *; enfin ils ne conduisent à

---

* Je crois qu'on peut avec avantage conserver l'usage des transports à roues, mais il faut d'autres voitures que les prolonges. J'ai remarqué, pendant la marche sur Constantine, que des charettes de cantiniers, attelées souvent de deux mauvais chevaux, et chargées de douze à quinze cents livres, passaient sans obstacle où les prolonges ne passaient qu'en doublant. Les prolonges sont attelées de huit chevaux, elles portent un poids de quatre

un ennemi qui a tant de facilité à leur échapper, que de lourdes masses de soldats incapables de le poursuivre après la victoire.

On vient de faire quelques réformes * à l'équipement de nos troupes, mais on a conservé le système des expéditions éloignées de tout centre d'établissement, qui n'a encore rien fait d'utile, et nous a trois fois exposé à de grands désastres. Ou

mille livres environ ; il y aurait donc encore économie. D'ailleurs, les charettes déchargées en tout ou en partie pourraient rendre, pour le transport des blessés, des services auxquels des bâts de mulets se refusent.

* Il en est une dont on ne s'occupe pas, qui cependant serait fort utile. Les Arabes sont armés de fusils qui portent mieux que les nôtres, en sorte que de loin, et hors de l'atteinte de nos balles, ils inquiètent notre marche et tuent nos hommes jusque dans le centre des colonnes. Un moyen bien simple d'échapper à cet état de choses, serait de créer un corps spécial ayant des armes à longue portée; par exemple la carabine des chasseurs tyroliens, ou toute autre qu'on reconnaîtrait préférable; ces soldats, semés dans nos tirailleurs, seraient les meilleurs tireurs de l'armée, leurs coups bien ajustés porteraient souvent, et suffiraient pour persuader que chaque fusil dont on entend la détonation envoie sa balle à aussi longue distance ; de la sorte, les Arabes n'oseraient s'approcher, on exécuterait les marches plus vite et sans perte. Les fusils de rempart exigent trop de temps pour les mettre en position, et ne peuvent remplacer ce que je propose.

en effet, la puissance d'Abd-el-kader n'a pas plus
de solidité que M. Defrance nous la représente dans
son ouvrage, ou l'expédition entreprise par le général Bugeaud n'aura pas le succès qu'on en attend.
Sans doute il battra l'émir, prendra peut-être Te-
kedemta, mais comme sa puissance n'est pas plus
là qu'ailleurs, on ne lui donnera pas le dernier
coup.

Il en serait tout autrement si l'on s'avançait
par degrés, formant de distance en distance des
camps retranchés. Les mêmes raisons qui avaient
fait comprendre à M. le maréchal Clausel les
moyens de domination, avaient dû lui enseigner
aussi cette manière de combattre, et sans doute il
est permis de croire qu'il ne s'en fût plus écarté à
l'avenir, puisqu'il rejette sur les circonstances
seules les causes qui l'ont empêché de s'établir à
Guelmah avant de marcher sur Constantine. Ainsi
la même faute nous a empêché de prendre cette
ville et fait détruire Mascara. N'est-il pas déplorable que pour donner quelque fruit à une victoire, nous nous soyons réduits à cette malheureuse
nécessité? les villes de cette partie de l'Afrique
nous sont si utiles et sont si rares !

Ce moyen de s'avancer de camps en camps ne
nécessite guère un plus grand nombre de soldats.
Il ne faut pas perdre de vue que les Arabes sont
saas nrtillerie, et que les moindres fortifications

deviennent pour eux des points inexpugnables :
un petit nombre d'hommes suffit pour les garder.
Mais en tout, et quel que soit d'ailleurs le système
qu'on applique, on a eu jusqu'ici des forces insuffisantes en Afrique ; c'est à présent une chose
reconnue de tout le monde. Comment, en effet,
supposer que vingt-cinq ou trente mille hommes
suffisent pour garnir tous les points que nous occu-
pons et tenir tête à des ennemis comme Abd-el-
kader et Acmeth? Continuer la guerre avec ces
moyens, c'est vouloir ne pas la finir, c'est pré-
parer une époque où il faudra nous retirer, ou
descendre en Afrique des armées formidables pour
combattre des ennemis rendus puissants par nos
fautes.

Un des avantages que nous perdons encore tous
les jours par cette prolongation de combats, c'est
la terreur que la tactique de nos armes avait im-
primée aux Arabes: notre artillerie n'a déjà plus
sur eux l'effet qu'elle produisait jadis, on en a vu
à Oran se précipiter sur des pièces et les prendre
aux roues. S'ils ne savent encore se former en
masse de combattants pour s'opposer à nos épaisses
lignes de soldats, ils apprennent à en éviter le
choc. Enfin, chaque combat est pour eux une
nouvelle étude qui les rassure et les éclaire:

Donc, pour mille raisons, et surtout pour
celle que comprend le mieux notre époque, l'é-

conomie, il est urgent de terminer cette guerre. En considérant nos ressources, celles de nos enne- mis, les dispositions de ces peuples, il est impos- sible qu'on n'y parvienne pas très promptement. Il ne faut pour cela que trois choses : s'avancer sagement et pour ne plus reculer, s'établir dans le pays, opérer avec des forces suffisantes.

CONCLUSION.

Je ne me suis point occupé des ressources offertes par la régence sous le rapport de ses produits agricoles, parce que c'est le côté de la question sur lequel on a les plus nombreuses et les meilleures indications, parce que cela ne rentre qu'indirectement dans le cercle que je me suis tracé. Cependant, il semble maintenant certain que sa terre peut donner la plupart des produits qui manquent à la nôtre. Dans tous les cas, et quelques végétaux qu'elle porte, il n'est plus permis de douter de sa richesse. Ce point suffit. Un peuple peut y vivre et y prospérer. En jetant ses enfants sur ce rivage, la France a un plus grand but que d'acquérir une vaste ferme où elle fasse croître, pour son compte, le mûrier, le coton, la canne à sucre, l'indigo etc. S'il n'y avait là que l'exploitation d'une terre fertile et des sueurs de son peuple, si la question d'Alger se trouvait ainsi resserrée entre une charrue et un ilote, on se demanderait peut-être, en effet, ce que signifie cette

nouvelle velléité qui nous fait chercher, au milieu des hasards, des choses que notre commerce
nous donne. On combattrait avec avantage cette
folle et bourgeoise passion de la propriété, qui veut
obtenir de son sol même ce qu'elle peut avoir de
ses voisins peut-être meilleur et à moins de frais.
En un mot on écouterait les plaintes des adver-
saires de la colonisation, et on se laisserait atten-
drir aux larmes qu'ils versent sur le sang de nos
soldats, sur l'épuisement de nos trésors. Mais la
question n'est point réduite à ces mesquines
bornes. Il ne s'agit de rien moins pour la France
que de conquérir une nouvelle position qui aug-
mente son pouvoir sur les mers et son crédit en
Europe. L'entreprise agricole n'est là qu'un
moyen; le résultat auquel elle doit tendre c'est de
civiliser la côte d'Afrique, d'y établir un peuple
libre, puissant et riche, qui reflétera bientôt sur
sa mère toute la prospérité qu'elle lui aura faite.

Un allié si bien attaché au sort de la France,
qui aurait à sa disposition ses soldats, ses vaisseaux,
son commerce, lui ouvrirait une nouvelle voie de
richesse et de puissance dont il n'est donné à
personne de marquer les confins.

Un autre ordre de considération doit encore
l'attacher à sa conquête. De toutes parts les peuples
de l'est s'ébranlent, et tandis que l'Europe a les
yeux sur eux, eux aussi ont leurs regards tournés

vers l'Europe. Au milieu des misères de l'oppres-
sion, il est un nom surtout qui retentit en eux,
comme l'espérance au cœur du malheureux, ils
l'invoquent dans leurs douleurs, ils en effrayent
leurs tyrans ; ce nom, c'est celui de ma patrie, c'est
celui du peuple aux nobles et grandes entreprises.
L'ancienne expédition d'Égypte, l'occupation ac-
tuelle du rivage d'Alger, leur a donné confiance
en nos forces, en notre magnanimité. Que ceux
qui se sentent émus à cette idée ne compriment
pas de si généreux sentiments; ils ne se trompent
pas. C'est quelque chose pour un peuple que la
grandeur du renom et l'orgueil qu'il s'inspire à
lui-même*.

La France doit poursuivre la belle tâche que la
Providence semble lui avoir confiée, mais elle
doit le faire sans s'égarer avec les moyens qui peuvent la conduire et l'achever. C'est à sa voix que
toutes ces ruines romaines vont se relever ; que
cette côte jadis si redoutée va se couvrir de cités
industrieuses, de ports hospitaliers ; elle aura

---

* Un voyageur que j'ai trouvé dans le bâtiment qui m'a
ramené d'Afrique, m'a assuré que dans le cours de son
voyage fait par terre de Constantinople en Syrie, les indigènes lui avaient souvent parlé des Français, de leur
établissement à Alger, et de l'espérance de les voir bientôt
arriver jusqu'à eux.

ressuscité un peuple, doté le monde civilisé d'une nouvelle famille, et peut-être commencé la première cette grande œuvre de la régénération de l'Orient.

FIN.

9 782013 247382